Curso de Trading

Ricardo Moreno

Página de Derechos de Autor

Editora: Flamenco
Año de Lanzamiento 2025

Indice

¿Qué es el Trading y Cómo Gana Dinero un Trader?

Imagina que estás en una gran feria, llena de puestos donde la gente compra y vende cosas todo el tiempo. Algunos venden frutas, otros relojes, otros antigüedades. Tú te das cuenta de que un vendedor está ofreciendo manzanas a 1 dólar cada una, y un poco más adelante otro comprador está dispuesto a pagar 1,20 por esa misma manzana. ¿Qué haces? Compras en el primer puesto y vendes en el segundo. Esa diferencia de 20 centavos es tu ganancia. Así funciona el trading, pero en lugar de manzanas, se compran y venden divisas, acciones, criptomonedas, materias primas y otros activos financieros.

El trading es, básicamente, el arte de comprar algo a un precio más bajo y venderlo a un precio más alto. Es una actividad donde una persona, que llamamos trader, busca aprovechar los movimientos del mercado para generar ganancias. Lo importante es que no se trata de adivinar, sino de analizar y tomar decisiones inteligentes. El trading no es una apuesta, es un trabajo de observación, estrategia y control emocional.

Un trader no gana dinero por tener suerte. Gana dinero cuando identifica una oportunidad y actúa con un plan claro. Por ejemplo, si ve que el precio del euro frente al dólar está subiendo, puede comprar euros con la idea de venderlos más caros unos minutos, horas o días después. Si el precio realmente sube como esperaba, al vender esos euros habrá ganado dinero. Esa diferencia entre el precio de compra y el precio de venta, descontando los pequeños costos de operar, es su beneficio.

Hay muchos tipos de mercados donde se puede hacer trading. El más famoso es el mercado de divisas, también conocido como Forex, donde se operan pares como el euro/dólar, dólar/yen, entre otros. También están los mercados de acciones, donde se compran y venden partes de empresas como Apple, Amazon o Tesla. Otro muy popular es el de criptomonedas, con activos como Bitcoin, Ethereum y muchos más. Y están también los mercados de materias primas, donde se puede operar con oro, petróleo, gas natural, café, entre otros.

Cada uno de estos mercados tiene su propia dinámica, pero la lógica de fondo es la misma: comprar barato y vender caro. Claro que eso suena más fácil de lo que es, porque el precio de cualquier activo sube o baja todo el tiempo, y lo hace por muchas razones: noticias económicas, decisiones políticas, resultados de empresas, o simplemente por el comportamiento de la oferta y la demanda.

Un trader estudia esas variaciones y busca patrones. Utiliza herramientas de análisis técnico, que le permiten interpretar los gráficos y anticipar hacia dónde se moverá el precio. También puede usar análisis fundamental, que consiste en estudiar las noticias, los informes económicos, los balances de las empresas y otros factores que influyen en el valor de un activo. Algunos traders usan una mezcla de ambos métodos.

No es necesario tener una gran cantidad de dinero para empezar. Hoy en día, con una cuenta pequeña se puede comenzar a operar gracias al apalancamiento que ofrecen muchos brokers. Esto significa que puedes mover más dinero del que realmente tienes, lo que te permite tener ganancias más grandes, pero también implica riesgos mayores si no sabes lo que estás haciendo. Por eso, antes de arriesgar dinero real, se recomienda practicar en cuentas demo, que simulan el mercado sin poner en riesgo tu capital.

El trading tiene una gran ventaja: se puede hacer desde cualquier lugar del mundo, solo con una computadora o un celular y conexión a internet. No necesitas un jefe, ni un horario fijo, ni estar en una oficina. Pero eso también puede ser una trampa si no te tomas el trabajo en serio. Porque si bien es cierto que se puede ganar mucho dinero, también se puede perder, y rápido, si operas sin conocimientos o sin control emocional.

El dinero en el trading no aparece de la nada. Viene de otras personas que están operando en el mismo mercado. Es decir, es un juego de suma cero: lo que tú ganas, alguien lo pierde, y viceversa. Por eso es tan importante educarse, practicar y crear una estrategia sólida. El trader exitoso no es el más inteligente, sino el más disciplinado. El que entiende cómo funciona el mercado y actúa sin dejarse llevar por las emociones.

El trading puede convertirse en una fuente de ingresos poderosa, incluso en un estilo de vida. Pero no es magia, ni suerte. Es un oficio, y como cualquier oficio, se aprende con tiempo, práctica y paciencia. Cuanto más entiendes el juego, más control tienes sobre tus decisiones. Y en este juego, el que tiene el control, tiene la ventaja.

Así que si alguna vez te preguntaste si es posible ganar dinero desde casa, con tu computadora, analizando mercados y tomando decisiones estratégicas, la respuesta es sí. Pero también es posible perderlo todo si lo haces sin preparación. El trading es una herramienta, y como toda herramienta, puede construir o destruir. Lo importante es aprender a usarla bien. Este libro está pensado para ayudarte justamente con eso. Desde lo más simple hasta lo más avanzado. Para que cuando operes, no sea por probar suerte, sino porque realmente sabes lo que estás haciendo.

Encuentra el Estilo que Va Contigo

Una de las primeras decisiones importantes que debe tomar cualquier persona que quiera dedicarse al trading es elegir un estilo. Esto no tiene nada que ver con la ropa que usas o cómo te peinas. En el mundo del trading, el estilo se refiere a la forma en que decides operar, el tiempo que le dedicas y el ritmo que prefieres llevar. No todos los traders son iguales. Algunos están frente a la pantalla durante horas, tomando decisiones rápidas. Otros prefieren tomarse su tiempo y esperar oportunidades más lentas, pero más estables. No hay un estilo mejor que otro. Lo que sí existe es un estilo que encaja contigo, con tu personalidad, tu ritmo de vida y tus objetivos.

El primer estilo que suele aparecer en escena es el scalping. Este estilo es como correr una carrera de cien metros. Rápido, intenso y agotador. El scalper abre y cierra operaciones en cuestión de segundos o minutos. Busca pequeños movimientos del mercado y trata de hacer muchas operaciones al día para acumular pequeñas ganancias que, al final, pueden sumar una buena cantidad. Si eres una persona muy activa, impaciente, que disfruta de la adrenalina y puede tomar decisiones en segundos sin bloquearse, tal vez este sea tu estilo. Pero cuidado: el scalping también es el más exigente. Necesita una conexión rápida, una computadora potente, y una mente fría. Un error de segundos puede costarte mucho dinero.

El segundo estilo es el day trading. Este es algo así como trabajar en turnos cortos. Operas durante el día, pero no dejas ninguna operación abierta por la noche. Comienzas con el mercado y terminas cuando cierra. Analizas, tomas decisiones, entras y sales en cuestión de minutos u horas. Es un estilo que requiere concentración, pero te da un poco más de aire que el scalping. Puedes analizar mejor las entradas, tener más claridad en los movimientos del mercado y aplicar estrategias algo más elaboradas. Es ideal para personas que tienen unas horas libres al día, que disfrutan de estar frente a la pantalla por las mañanas o tardes y quieren tener el control total de lo que pasa mientras están operando.

Luego está el swing trading. Este estilo es como ir de excursión: vas más despacio, pero puedes recorrer más distancia. Los swing traders mantienen sus operaciones abiertas durante días o incluso semanas. Observan los movimientos más amplios del mercado y entran cuando ven una tendencia clara que puede durar. Este estilo es perfecto si no tienes tiempo para estar frente a la pantalla todo el día. Puedes hacer tu análisis una vez al día, colocar tus operaciones con tus objetivos y tus límites de pérdida, y luego dejar que el mercado haga su trabajo. También es un estilo que genera menos estrés diario, porque no estás todo el tiempo viendo cada pequeño movimiento del precio. Sin embargo, necesitas paciencia. A veces el precio tarda días en llegar a donde esperabas, y durante ese tiempo tienes que mantener la calma.

Y por último, tenemos el position trading. Aquí hablamos de operaciones que pueden durar semanas, meses o incluso años. Este estilo es más cercano a la inversión que al trading rápido. El position trader busca movimientos realmente grandes, y por eso estudia el mercado con una visión más amplia. No le importan tanto los ruidos pequeños del día a día. Este estilo es para personas que tienen una mentalidad más estratégica, que no necesitan resultados inmediatos y que pueden soportar ver cómo sus operaciones suben y bajan sin desesperarse. También es útil si tienes otro trabajo o no puedes estar pendiente del mercado todos los días.

Elegir el estilo correcto es fundamental. Muchos traders fracasan porque tratan de operar de una forma que no encaja con su personalidad. Por ejemplo, una persona ansiosa y apresurada que intenta hacer swing trading va a sufrir mucho esperando resultados que tardan días. Por otro lado, alguien tranquilo y reflexivo que intenta hacer scalping va a sentirse presionado y cometer errores por actuar demasiado rápido. Por eso es clave conocerte a ti mismo. No se trata solo de aprender estrategias, sino de encontrar un ritmo que puedas mantener sin agotarte ni perder el control.

Otra cosa importante es el tiempo que tienes disponible. Si trabajas todo el día, probablemente no puedas dedicarte al scalping o al day trading. En ese caso, lo más lógico es inclinarte por el swing trading o el position trading. Puedes analizar el mercado por la noche, cuando estás tranquilo, y planificar tus operaciones con calma. En cambio, si tienes muchas horas libres y te gusta la acción constante, puedes probar estilos más rápidos. Lo esencial es que el trading se adapte a tu vida, y no al revés. De lo contrario, terminarás frustrado, estresado o tomando decisiones impulsivas.

No te preocupes si no eliges el estilo perfecto desde el principio. Muchos traders prueban varios hasta que encuentran el que realmente les funciona. Lo importante es ser honesto contigo mismo y no forzar un estilo solo porque alguien más gana dinero con él. Lo que funciona para otro no necesariamente te va a funcionar a ti. Aquí no hay una sola fórmula. Hay caminos distintos para llegar al mismo objetivo.

En este libro vas a aprender herramientas, estrategias y métodos que puedes aplicar en cualquiera de estos estilos. Pero desde ya te aconsejo que no trates de hacer todo al mismo tiempo. Enfócate. Prueba un estilo, entrénate en él, domina su ritmo y sus reglas. Y cuando te sientas cómodo, puedes adaptarlo, mejorarlo o incluso cambiarlo. Pero empieza por uno. Uno que se ajuste a ti, a tu tiempo, a tu manera de pensar. Esa es la forma más inteligente de empezar, y también la más segura para ganar dinero de verdad con el trading. Porque el mejor estilo, no es el más famoso. Es el que tú puedes sostener con tranquilidad, consistencia y confianza.

Abriendo Tu Primera Cuenta

Llegó el momento de ensuciarte un poco las manos. Hasta ahora venimos hablando del trading desde la teoría, desde la idea. Pero para que todo eso se convierta en acción, necesitas algo fundamental: abrir tu primera cuenta de trading. Sin una cuenta, es como querer jugar un partido sin cancha ni pelota. Esta cuenta será tu puerta de entrada al mercado. Y no te preocupes, no necesitas ser un experto para abrirla. Solo necesitas entender bien qué estás haciendo, elegir con inteligencia y dar unos pocos pasos concretos.

Lo primero que debes saber es que no abres esta cuenta en un banco tradicional, sino en una plataforma especializada que se llama broker. El broker es el intermediario que te conecta con el mercado. Es quien recibe tus órdenes de compra y venta y las ejecuta. Existen cientos de brokers, y no todos son iguales. Algunos son serios, con buena reputación y regulación, mientras que otros son dudosos o incluso directamente estafas. Por eso, el paso más importante antes de abrir tu cuenta es elegir bien el broker.

Para eso, hay algunos criterios que debes tener en cuenta. El más importante es que esté regulado. Eso significa que ese broker responde ante una entidad oficial que lo supervisa. Si algo sale mal, puedes reclamar. Si no está regulado, estarás completamente a su merced. Busca brokers con regulación en países serios como Estados Unidos, Reino Unido, Australia o la Unión Europea. También puedes verificar en su página web si tienen licencias y números de registro visibles.

Después de eso, fíjate qué tipo de activos ofrece. Hay brokers que solo permiten operar con acciones, otros que se enfocan en divisas, otros en criptomonedas, y muchos ofrecen una mezcla. Depende del estilo de trading que hayas elegido. Si vas a operar Forex, necesitas un broker que te dé acceso a los pares principales y que tenga buena velocidad de ejecución. Si vas a .hacer trading con acciones o índices, asegúrate de que tenga esos productos disponibles. Algunos incluso te permiten operar con materias primas o con derivados como los CFD.

También es importante que el broker tenga una plataforma de trading fácil de usar, estable y que funcione bien en tu dispositivo. Las más comunes son MetaTrader 4, MetaTrader 5, cTrader o incluso plataformas propias de cada broker. Si estás comenzando, lo ideal es que el broker te dé acceso a una cuenta demo. Esta cuenta te permite practicar con dinero ficticio, pero en condiciones reales de mercado. Es como un simulador. Y es uno de los mejores lugares para aprender sin arriesgar tu dinero. Muchos brokers permiten abrir una demo con solo un correo electrónico.

Ahora hablemos del proceso de apertura en sí. Una vez que elegiste el broker, lo normal es que vayas a su sitio web y veas un botón que dice "abrir cuenta" o algo similar. Al hacer clic, te pedirán tus datos personales: nombre, dirección, correo electrónico, teléfono, fecha de nacimiento. También te van a hacer algunas preguntas sobre tu experiencia con el trading, tus ingresos y tus conocimientos financieros. Esto no es para juzgarte, sino porque las regulaciones les exigen saber a quién están aceptando como cliente.

Después de completar el formulario, te pedirán verificar tu identidad. Para eso deberás enviar una foto o escaneo de tu documento de identidad (puede ser pasaporte o cédula) y un comprobante de domicilio, como una factura de servicios o un extracto bancario que tenga tu nombre y tu dirección. Esta parte puede sonar tediosa, pero es completamente normal. Los brokers serios lo hacen para prevenir fraudes y cumplir con las leyes internacionales.

Una vez que tu cuenta esté verificada, el siguiente paso es hacer tu primer depósito. Aquí también debes prestar atención. Cada broker tiene un mínimo diferente. Algunos te permiten empezar con 10 o 50 dólares, otros exigen 200 o más. Si estás empezando, no pongas todo tu dinero de una sola vez. Comienza con una cantidad pequeña, algo que estés dispuesto a perder si las cosas no salen bien. Lo importante ahora no es ganar mucho, sino aprender sin cometer errores graves.

Los métodos de depósito varían. La mayoría acepta tarjeta de crédito o débito, transferencia bancaria, y algunos también permiten usar billeteras electrónicas como Skrill, Neteller o incluso criptomonedas. Revisa si tienen comisiones, cuánto tarda el dinero en acreditarse y qué tan fácil es retirarlo después. Porque no basta con depositar dinero; también tienes que asegurarte de que puedas sacarlo cuando lo necesites.

Una vez que tengas todo listo, puedes comenzar a usar la plataforma. Familiarízate con el entorno, con los botones, con los gráficos. Aprende dónde está todo antes de hacer tu primera operación. No te apresures. Tómate tu tiempo para conocer cómo funciona. En esta etapa, usar la cuenta demo es clave. Practica ahí todo lo que quieras. Cuando te sientas seguro, recién ahí cambia a la cuenta real. Pero incluso entonces, empieza con poco. No hay apuro.

Abrir tu cuenta es el primer paso para convertirte en trader, pero también es un acto de compromiso contigo mismo. Significa que dejas de ver el trading como una idea lejana y empiezas a tomar acción. Como todo comienzo, tiene algo de emoción y algo de miedo. Pero no estás solo. Mucha gente ha pasado por ahí. Lo importante es que lo hagas con calma, con criterio y con los pies en la tierra.

Recuerda que tu cuenta no es un boleto a la riqueza automática. Es una herramienta. Lo que hagas con ella depende de ti. Si la usas bien, puede ayudarte a construir una nueva fuente de ingresos, o incluso un nuevo estilo de vida. Pero si la usas sin preparación, puede hacerte perder dinero rápido. Por eso, no te obsesiones por empezar con mucho dinero ni por ganar rápido. En este momento, lo más valioso es que entiendas cómo funciona todo. Así, cuando el mercado empiece a moverse, tú no vas a estar improvisando. Vas a estar listo.

Cómo Funciona un Gráfico y Qué es el Análisis Técnico

Cuando alguien empieza en el mundo del trading, una de las primeras cosas que ve es una pantalla llena de líneas, velas, colores, números en movimiento y gráficos que parecen más complicados que un mapa antiguo. La realidad es que un gráfico no es más que una forma visual de mostrar lo que está pasando con el precio de un activo. Puede parecer intimidante al principio, pero en cuanto entiendes lo que estás viendo, todo empieza a tener sentido. Aprender a leer un gráfico es como aprender a leer un idioma. Al principio no entiendes nada, pero después puedes ver una historia completa en una sola imagen.

Un gráfico te muestra cómo ha cambiado el precio de un activo a lo largo del tiempo. Puede ser el precio del dólar, de una acción, de una criptomoneda o de cualquier otro producto financiero que se pueda operar. En el eje horizontal, que es la base del gráfico, se ve el tiempo. Puede estar en minutos, horas, días, semanas o incluso años. En el eje vertical, se ve el precio. Entonces, cada punto, línea o figura que aparece en ese gráfico te está diciendo cuánto costaba ese activo en un momento específico del tiempo.

La forma más popular de mostrar esta información es con lo que se conoce como velas japonesas. Cada vela representa un periodo de tiempo. Si estás viendo un gráfico de velas de una hora, cada vela te muestra lo que ocurrió con el precio en esa hora. Si es de un día, cada vela te resume un día completo. Y dentro de cada vela hay cuatro datos importantes: el precio de apertura, el precio de cierre, el precio más alto y el más bajo alcanzado durante ese tiempo. Si la vela sube, normalmente es de color verde o blanca. Si baja, suele ser roja o negra. Este sistema te permite ver no solo si el precio subió o bajó, sino cómo se movió durante ese intervalo.

Ahora bien, entender un gráfico es el primer paso. Pero para poder tomar decisiones de compra o venta, necesitas hacer algo más profundo: analizar ese gráfico. Y eso es lo que se llama análisis técnico. El análisis técnico es el estudio de los gráficos para predecir hacia dónde podría moverse el precio en el futuro. No se basa en noticias, ni en el estado de la economía, ni en lo que dijo un político. Se basa solo en el precio y su comportamiento anterior. La idea detrás del análisis técnico es simple pero poderosa: todo lo que afecta al mercado ya está reflejado en el precio. Y si el precio se comportó de cierta manera en el pasado, es probable que lo haga otra vez bajo circunstancias similares.

Existen muchas herramientas dentro del análisis técnico. Algunas de las más comunes son las líneas de tendencia, los soportes y las resistencias. Una línea de tendencia es simplemente una línea que conecta los puntos más altos o más bajos del precio para mostrar en qué dirección general se está moviendo el mercado. Si los precios están haciendo máximos más altos y mínimos más altos, entonces hay una tendencia alcista. Si hacen máximos más bajos y mínimos más bajos, la tendencia es bajista. Dibujar estas líneas ayuda a ver con claridad qué está pasando, en vez de dejarse llevar por emociones o intuiciones.

El soporte es una zona del gráfico donde el precio tiende a detenerse y rebotar hacia arriba. Es como un piso. La resistencia, en cambio, es una zona donde el precio se frena y tiende a caer, como si chocara contra un techo. Estos niveles son importantes porque muestran los puntos donde muchas personas compran o venden, generando un comportamiento repetido del mercado. Si el precio se acerca a un soporte, es posible que suba. Si se acerca a una resistencia, podría bajar. No siempre pasa, pero sucede con tanta frecuencia que vale la pena tenerlo en cuenta.

Además de eso, existen indicadores técnicos. Son fórmulas matemáticas que se aplican sobre el gráfico para darte más información. Algunos miden la velocidad con la que se mueve el precio, otros muestran si el mercado está sobrecomprado o sobrevendido, y otros te dan señales de entrada o salida. Los indicadores más conocidos son el RSI, las medias móviles, el MACD y las bandas de Bollinger. No necesitas usarlos todos ni entenderlos de golpe. Pero poco a poco vas a descubrir cuáles te ayudan más y cómo combinarlos con tu estilo de trading.

Una parte clave del análisis técnico es que se basa en la acción del precio. Eso significa que lo más importante es observar qué está haciendo el precio y no perderse en demasiadas herramientas. A veces, cuanto más sencillo, mejor. Muchos traders exitosos analizan solo el movimiento del precio y los patrones que forma. Porque el precio tiende a comportarse de manera similar en ciertas situaciones. Por ejemplo, hay patrones como el doble techo o el doble suelo, que indican posibles cambios de dirección. También hay formaciones como los triángulos o los canales, que te muestran momentos de consolidación y posibles rompimientos.

El análisis técnico también te ayuda a saber cuándo entrar, cuándo salir y cuánto estás dispuesto a perder si las cosas no salen como esperas. No se trata solo de adivinar hacia dónde va el mercado, sino de tener un plan. Por eso, cuando aprendes a leer un gráfico y a hacer análisis técnico, dejas de actuar por impulso. Empiezas a tomar decisiones con lógica, con datos, con estrategia. Y eso es lo que separa al principiante del trader profesional.

Muchos piensan que el análisis técnico es una especie de magia o que necesitas ser un genio para entenderlo. Pero no es así. Es una herramienta práctica, concreta y basada en la observación. Cuanto más lo practicas, más sentido tiene. Al principio puede parecer difícil ver patrones o tendencias, pero con el tiempo tu ojo se acostumbra. Empiezas a ver el orden dentro del caos. Empiezas a notar que el mercado se mueve con ciertos comportamientos que se repiten una y otra vez.

Por eso, mi consejo es que no te desesperes si al principio te sientes perdido con los gráficos. Es completamente normal. Tómate tu tiempo para observar, para practicar con una cuenta demo, para dibujar líneas y probar herramientas. No trates de entender todo de golpe. En lugar de eso, enfócate en entender una cosa por vez. Aprende a leer las velas, a trazar soportes y resistencias, a reconocer una tendencia. Con eso ya tienes un buen punto de partida. Lo demás vendrá con la experiencia.

El análisis técnico no es una bola de cristal. No predice el futuro con certeza. Pero sí te da ventaja. Te permite operar con más claridad, más control y más confianza. Y en el mundo del trading, donde cada decisión cuenta, eso puede marcar la diferencia entre ganar o perder dinero. Así que toma los gráficos como tus aliados. Son tu mapa en este viaje. Y aunque al principio parezcan enredados, con el tiempo se vuelven tan familiares como las páginas de un buen libro. Solo tienes que aprender a leerlos.

Patrones que se Repiten

Una de las cosas más interesantes del trading es que, aunque los mercados parezcan caóticos y llenos de sorpresas, en realidad se comportan de forma bastante predecible. ¿Cómo es eso posible? Porque los mercados no son máquinas, son espacios donde millones de personas compran y venden, y la mayoría de las personas tienden a reaccionar de forma similar ante las mismas situaciones. Esa repetición en el comportamiento humano es lo que da lugar a los patrones que se repiten en los gráficos. Y cuando aprendes a reconocer esos patrones, empiezas a ver oportunidades de ganar dinero donde antes solo veías líneas y velas sin sentido.

Un patrón es simplemente una forma que el precio dibuja en el gráfico. Esa forma no aparece por casualidad. Aparece porque hay una lucha constante entre compradores y vendedores. Cuando los compradores tienen más fuerza, el precio sube. Cuando los vendedores dominan, el precio baja. Y a veces, el mercado se queda atrapado en una especie de "tira y afloja" entre ambos. Es en esos momentos cuando empiezan a formarse patrones. Estos patrones no garantizan lo que va a pasar, pero te dan pistas. Es como ver nubes oscuras en el cielo. No significa que lloverá con seguridad, pero es bastante probable.

Uno de los patrones más conocidos es el doble techo. Imagina que el precio sube, llega a un punto alto y luego baja. Después vuelve a subir al mismo punto alto, pero no logra superarlo, y vuelve a caer. Ese movimiento dibuja en el gráfico una especie de letra "M". Eso se llama doble techo. Lo que te está diciendo ese patrón es que el precio intentó dos veces romper una zona pero no pudo. Los vendedores ganaron la pelea. Y muchas veces, después de ese patrón, el precio empieza a caer con fuerza. Es una señal clara de debilidad.

Al revés, cuando el precio cae, rebota, vuelve a caer al mismo punto bajo y otra vez sube, se forma un doble suelo. Es como una letra "W". Eso indica que el precio intentó bajar dos veces, pero los compradores lo defendieron en el mismo nivel. Es una señal de que podría empezar una subida. Estos dos patrones son muy fáciles de identificar una vez que los conoces, y aparecen en todos los mercados y en todos los marcos de tiempo. Lo importante es que no los busques con desesperación, sino que te entrenes para verlos con claridad.

Otro patrón clásico es el hombro-cabeza-hombro. Suena complicado, pero no lo es. Se llama así porque parece una figura humana. Primero el precio sube y baja (eso es un hombro), luego sube más alto y vuelve a bajar (la cabeza), y después sube menos que antes y baja otra vez (el segundo hombro). Si trazas una línea por los puntos donde el precio rebotó en cada bajada, tienes lo que se llama la línea de cuello. Cuando el precio rompe esa línea, suele caer con fuerza. Es un patrón de cambio de tendencia. También existe su versión contraria, el hombro-cabeza-hombro invertido, que anuncia una posible subida.

Además de los patrones de cambio de tendencia, existen los patrones de continuación. Estos aparecen cuando el precio está en una tendencia fuerte, hace una pausa, y luego continúa en la misma dirección. Un ejemplo es el triángulo. Imagina que el precio empieza a moverse en un espacio cada vez más pequeño, con máximos más bajos y mínimos más altos. Es como si el precio estuviera acumulando energía. Cuando rompe ese triángulo, casi siempre lo hace en la dirección en la que venía. Hay triángulos ascendentes, descendentes y simétricos. Todos te dan información útil sobre lo que podría pasar.

También están los banderines y las banderas. Son patrones que aparecen después de un movimiento fuerte. El precio sube o baja con fuerza, y luego se mueve de forma más tranquila en un rango inclinado. Ese descanso se parece a una pequeña bandera. Cuando rompe esa bandera, suele continuar el movimiento anterior. Es como si el mercado tomara aire antes de seguir corriendo. Estos patrones son muy valorados porque suelen dar señales claras con poco riesgo.

Además de las figuras que se forman con el movimiento del precio, también hay patrones dentro de las velas. Por ejemplo, una vela que tiene un cuerpo pequeño pero una sombra larga hacia abajo se llama martillo. Aparece después de una caída y puede indicar un posible cambio hacia arriba. Otra vela con cuerpo pequeño y sombra larga hacia arriba se llama hombre colgado, y suele aparecer en zonas de techo, anticipando una posible bajada. Estos patrones de velas individuales o en combinación también son muy útiles y aparecen constantemente si sabes qué buscar.

Es importante decir que los patrones no son mágicos. No funcionan el cien por ciento de las veces. Pero sí tienen una alta probabilidad de repetirse y ofrecer una ventaja estadística. Eso significa que si los usas bien, con disciplina y con una buena gestión del riesgo, a largo plazo puedes obtener ganancias consistentes. No se trata de operar cada vez que veas una figura. Se trata de tener paciencia y esperar las mejores condiciones. Un patrón en una zona clave del gráfico, acompañado por volumen o confirmaciones de otros indicadores, es mucho más confiable que uno aislado.

Aprender a reconocer patrones es como aprender a leer un lenguaje secreto del mercado. Al principio parece complicado, pero con el tiempo empieza a volverse natural. Tu ojo se va entrenando. Empiezas a notar que las cosas no ocurren por casualidad, sino que hay un ritmo, una estructura, un comportamiento repetitivo. Y cuando puedes anticiparte a ese comportamiento, tu trading se vuelve más estratégico y menos impulsivo.

Por eso, dedica tiempo a observar gráficos. No solo para operar, sino para estudiar. Mira cómo se forman las figuras, qué pasó después, qué podrías haber hecho si hubieras reconocido ese patrón antes. Toma capturas de pantalla, haz tus propias colecciones de ejemplos, construye tu memoria visual. El conocimiento técnico no es lo único que importa en el trading, pero sin duda es una de las herramientas más poderosas que puedes tener.

Los patrones no son una fórmula perfecta para hacerte rico rápido, pero sí son una brújula. Te dan dirección. Y cuando los combinas con un buen plan, con disciplina y con control emocional, te acercan cada vez más a operar como un verdadero profesional. El mercado no es impredecible como muchos dicen. Simplemente, hay que aprender a escucharlo. Y los patrones son una de las formas más claras en las que el mercado habla. Solo tienes que aprender a entender su idioma.

Indicadores Técnicos que Realmente Funcionan

Uno de los errores más comunes que cometen los nuevos traders es pensar que cuantos más indicadores técnicos usen, mejores decisiones van a tomar. Abren un gráfico y lo llenan de líneas de colores, osciladores, números y señales que muchas veces terminan confundiendo más de lo que ayudan. Lo cierto es que los indicadores técnicos son herramientas útiles, pero no son magia. No predicen el futuro, no aseguran ganancias, y mucho menos te convierten en un trader profesional por el solo hecho de usarlos. Lo que sí pueden hacer, si los entiendes bien y los usas con criterio, es darte señales claras, ayudarte a confirmar lo que ya estás viendo en el precio y aumentar tu probabilidad de éxito. La clave está en saber cuáles funcionan realmente y cómo usarlos sin complicarte.

El primero de todos, y probablemente el más usado en el mundo del trading, es el promedio móvil. Es una línea que se dibuja en el gráfico y representa el precio promedio durante un número determinado de velas. Por ejemplo, si usas una media móvil de 20 periodos, significa que cada punto de esa línea refleja el promedio de los últimos 20 precios de cierre. La idea es suavizar los movimientos del mercado para ver con más claridad hacia dónde va la tendencia. Si el precio está por encima de la media, suele ser señal de que el mercado está en tendencia alcista. Si está por debajo, puede indicar una tendencia bajista. Una forma muy útil de usar las medias móviles es combinar dos, una rápida y una lenta. Por ejemplo, una de 9 y una de 21. Cuando la rápida cruza por encima de la lenta, suele ser una señal de compra. Cuando la cruza hacia abajo, puede ser señal de venta. No es una regla perfecta, pero usada con criterio puede ayudarte mucho.

Otro indicador que realmente vale la pena aprender es el RSI, que significa Índice de Fuerza Relativa. Este indicador no se dibuja sobre el precio, sino debajo, en una especie de ventana independiente. Lo que hace el RSI es medir la fuerza de los movimientos del precio y mostrarte si un activo está sobrecomprado o sobrevendido. El valor va de 0 a 100. Cuando el RSI está por encima de 70, se considera que el activo está sobrecomprado, lo que podría indicar que pronto habrá una caída. Si está por debajo de 30, se dice que está sobrevendido, lo que puede significar que pronto podría subir. Pero no se trata de comprar o vender solo porque el RSI cruce esas zonas. La idea es combinarlo con lo que ves en el gráfico, con patrones, zonas de soporte o resistencia. Si todo apunta en la misma dirección, el RSI puede ser un gran aliado.

Un tercer indicador muy útil es el MACD, que en inglés significa Convergencia y Divergencia de Promedios Móviles. Aunque su nombre suene complejo, en la práctica es bastante fácil de entender. Este indicador también se ve en una ventana aparte y muestra dos líneas que se cruzan entre sí, además de un histograma que refleja la diferencia entre ellas. Cuando la línea rápida cruza hacia arriba a la línea lenta, puede ser señal de compra. Cuando cruza hacia abajo, señal de venta. El histograma ayuda a ver si ese cruce tiene fuerza o no. El MACD es muy bueno para confirmar cambios de tendencia, pero hay que usarlo con paciencia, porque a veces se adelanta demasiado o llega tarde. Por eso, siempre es mejor usarlo como una confirmación, no como la única razón para entrar en una operación.

Un indicador que muchos ignoran pero que puede ser muy poderoso es el volumen. A diferencia de los anteriores, el volumen no es un cálculo matemático sobre el precio, sino que refleja cuántas operaciones se están realizando en un momento dado. Cuando ves una vela grande acompañada de un volumen alto, significa que hay convicción detrás de ese movimiento. Si el precio sube, pero el volumen es bajo, puede que ese movimiento no tenga fuerza real y sea solo un rebote débil. El volumen también te puede avisar de posibles cambios de tendencia. Por ejemplo, si el precio está cayendo y de pronto aparece una vela verde muy grande con volumen creciente, es posible que haya compradores fuertes entrando al mercado. Ignorar el volumen es como manejar un auto sin mirar por el espejo retrovisor. Puede que no lo necesites todo el tiempo, pero cuando lo necesitas, puede salvarte.

También existe el indicador llamado Bandas de Bollinger. Este consiste en tres líneas: una media móvil en el centro, y dos bandas que se expanden o contraen según la volatilidad del mercado. Cuando las bandas están muy juntas, significa que hay poca volatilidad y probablemente se avecina un movimiento fuerte. Cuando están muy separadas, es señal de que ya hubo un movimiento fuerte y podría venir una pausa. Las Bandas de Bollinger también se pueden usar para detectar extremos. Cuando el precio toca la banda superior, puede estar sobrecomprado. Si toca la inferior, puede estar sobrevendido. Pero, como todo en trading, no es una señal para actuar sola. Siempre conviene mirar qué está haciendo el precio en ese momento y si coincide con alguna zona técnica importante.

Hay cientos de indicadores más, pero no necesitas todos. De hecho, cuantos menos uses, mejor. Lo importante es que los entiendas bien. Saber qué miden, cómo funcionan y en qué situaciones tienen más sentido. Un buen consejo es elegir dos o tres que te gusten, practicarlos, estudiarlos a fondo y ver cómo se comportan en diferentes tipos de mercado. Por ejemplo, el RSI y el MACD funcionan bien en mercados con tendencia. Pero en mercados laterales, es posible que den señales falsas. Ahí es donde entra tu criterio como trader. No hay ningún indicador que funcione bien siempre. Por eso, lo mejor que puedes hacer es combinar lo que ves en los indicadores con lo que ves en el gráfico. El análisis técnico siempre empieza por el precio. Los indicadores solo vienen después, para confirmar o reforzar lo que ya estás observando.

En resumen, los indicadores técnicos que realmente funcionan no son los más nuevos ni los más llamativos, sino los más sencillos y confiables. Aquellos que te dan información clara, que puedes interpretar sin complicaciones y que puedes combinar con tu análisis de forma natural. No los conviertas en un adorno inútil. Tampoco los uses como oráculos. Son herramientas, no respuestas absolutas. Y como cualquier herramienta, su efectividad depende de la mano que la usa. Si entrenas tu mirada, si aprendes a leer el mercado y no te dejas llevar por emociones ni exageraciones, verás cómo esos indicadores te ayudan a tomar decisiones más firmes, más seguras y, sobre todo, más rentables. Eso es lo que realmente importa.

Estrategias Simples y Rentables para Empezar a Operar

Cuando uno empieza en el mundo del trading, es muy fácil perderse entre tantas estrategias, métodos y sistemas que prometen resultados increíbles. Hay videos que muestran operaciones mágicas, gurús que dicen tener la fórmula secreta y foros llenos de gente hablando en un lenguaje que parece más complicado que útil. Pero la verdad es que, para empezar, no necesitas nada de eso. Lo que realmente necesitas es una estrategia simple, clara, que puedas entender y aplicar todos los días sin romperte la cabeza. Lo simple no solo es más fácil de ejecutar, sino que también es más fácil de evaluar, mejorar y repetir. Lo complejo, en cambio, te confunde, te hace dudar y te llena de errores.

Una estrategia rentable no tiene que tener veinte indicadores ni funcionar en todos los mercados posibles. Basta con que se base en una lógica clara y que puedas seguirla sin traicionarla. Una de las formas más simples y efectivas de comenzar es con una estrategia de rompimiento. Esta técnica consiste en identificar zonas del gráfico donde el precio ha estado detenido durante un tiempo, como si el mercado estuviera "acumulando" energía para hacer un movimiento fuerte. Esas zonas se llaman consolidaciones. Cuando el precio finalmente rompe una de esas zonas, hacia arriba o hacia abajo, suele hacerlo con fuerza. El truco está en esperarlo con paciencia. Dibujas tus zonas de soporte y resistencia, esperas a que el precio se acerque, y cuando rompe con volumen, ahí entras. Tu stop loss va por debajo o por encima de la zona, y tu objetivo debe ser al menos el doble de lo que arriesgas. Simple, directo y muy efectivo si sabes esperar.

Otra estrategia que funciona bien al principio es la del rebote en zonas clave. Esta se basa en encontrar niveles importantes donde el precio ha rebotado antes. Pueden ser soportes, resistencias o incluso líneas de tendencia. Cuando el precio vuelve a uno de esos niveles, en lugar de romperlo, se detiene y comienza a retroceder. Ese rebote puede ser una buena oportunidad para entrar en una operación a favor del movimiento anterior. Por ejemplo, si el precio venía subiendo, toca una resistencia y rebota hacia abajo, puedes vender. Si venía bajando, encuentra un soporte y rebota hacia arriba, puedes comprar. Lo importante es esperar una confirmación. No entres solo porque tocó la zona. Espera una vela que cierre en sentido opuesto, un patrón de cambio o un aumento de volumen. Eso te da más seguridad de que el rebote es real y no una trampa.

También puedes usar una estrategia basada en medias móviles. Por ejemplo, una muy simple y efectiva es la de cruce de medias. Usas dos medias móviles, una rápida y una lenta, como por ejemplo la de 9 y la de 21. Cuando la media rápida cruza hacia arriba la media lenta, eso puede ser una señal de compra. Cuando cruza hacia abajo, puede ser una señal de venta. Esta estrategia funciona mejor en mercados con tendencia. Si el mercado está muy lateral, puede darte señales falsas. Por eso es recomendable combinarla con la lectura del precio. Si ves que el mercado está haciendo máximos y mínimos más altos, y además las medias cruzan al alza, tienes una señal mucho más confiable. Es una estrategia muy útil porque te obliga a seguir la tendencia y no ir contra ella.

Otra estrategia interesante es operar retrocesos en tendencias. Esto significa que no entras cuando el precio ya se ha disparado, sino que esperas a que haga una pequeña pausa o retroceso, y luego entras a favor de la tendencia. Para esto puedes usar la herramienta de retroceso de Fibonacci. No necesitas entender todo su origen matemático. Lo que importa es que te permite marcar niveles donde el precio suele detenerse y continuar su camino. Por ejemplo, si el precio subió con fuerza, tiras el Fibonacci desde el inicio hasta el final del movimiento, y te dará niveles como el 38%, 50% o 61%. Muchos traders observan esos niveles para entrar cuando el precio retrocede, porque suelen actuar como soporte o resistencia temporales. Si además se combinan con una media móvil o una zona clave previa, la señal es aún más fuerte.

Por último, una estrategia muy sencilla pero poderosa es la del rompimiento falso. A veces, el precio parece que va a romper una zona, todos se lanzan a comprar o vender, y de repente, el mercado se da vuelta y hace lo contrario. Eso pasa porque las grandes instituciones suelen provocar movimientos falsos para atrapar a los traders inexpertos. Si aprendes a detectarlos, puedes aprovecharlos. Por ejemplo, si el precio rompe una resistencia, pero inmediatamente después regresa debajo de ella con una vela fuerte, eso puede ser una señal de que fue un rompimiento falso. En ese caso, puedes entrar en la dirección opuesta, con un stop ajustado y un objetivo claro. Esta estrategia requiere práctica y buena lectura del precio, pero cuando funciona, suele dar entradas con mucha ventaja.

En todas estas estrategias, lo más importante no es encontrar la que dé más dinero, sino la que mejor entiendas y puedas ejecutar sin dudas. No se trata de hacer muchas operaciones al día, sino de hacer las correctas. Cada entrada debe estar justificada, tener su razón y su lógica. Siempre con un plan claro: cuándo entras, dónde pones tu stop, cuánto vas a arriesgar y cuál es tu objetivo. Sin ese plan, cualquier estrategia se vuelve una ruleta. Con ese plan, incluso la estrategia más básica puede volverse rentable.

Recuerda que ninguna estrategia gana siempre. Todas tienen operaciones buenas y malas. Lo que las vuelve rentables a largo plazo no es que acierten siempre, sino que, cuando ganan, ganan más de lo que pierden. Por eso es clave tener disciplina, respetar tus reglas y no dejarte llevar por la emoción. Operar no se trata de predecir el futuro, sino de aprovechar buenas oportunidades cuando se presentan. Y si comienzas con estrategias simples, que puedas dominar y perfeccionar con el tiempo, estarás mucho más cerca de hacer del trading una fuente de ingresos estable y segura. Esa es la meta.

Psicología del Trading

La mayoría de las personas que comienzan en el trading creen que lo más importante es saber leer un gráfico, entender los indicadores, tener la mejor estrategia o estar conectado a las noticias del mercado. Pero con el tiempo, todos llegan a la misma conclusión: lo que realmente marca la diferencia entre un trader que gana dinero y uno que lo pierde es la psicología. Es decir, cómo piensas, cómo reaccionas, cómo manejas tus emociones mientras estás operando. Puedes tener la mejor estrategia del mundo, pero si tu mente no está preparada para aguantar la presión, el miedo, la ansiedad o la euforia, terminarás tomando decisiones equivocadas. Así de simple. El problema no es el mercado, ni la estrategia, muchas veces el verdadero enemigo eres tú mismo.

Una de las emociones más peligrosas en el trading es el miedo. El miedo puede hacerte cerrar una operación ganadora demasiado pronto, solo porque temes que el precio se dé vuelta. También puede paralizarte al momento de tomar una entrada, aunque todo indique que es una buena oportunidad. Incluso puede hacerte dejar de operar durante días, después de una pérdida que te dolió más de lo que esperabas. El miedo aparece porque no estás seguro de lo que estás haciendo, o porque estás arriesgando más de lo que deberías. Por eso, una regla de oro es operar siempre con un riesgo que puedas tolerar sin que te afecte emocionalmente. Si cada operación pone en juego un dinero que te duele perder, vas a sufrir. Y cuando sufres, no piensas con claridad. El trading se vuelve un caos.

La otra emoción que destruye cuentas es la codicia. Esa sensación de querer ganar más, de querer recuperar lo perdido rápido, de aumentar el tamaño de las operaciones para salir "de una". Esa codicia te hace romper tus propias reglas. Tal vez tu plan dice que solo vas a operar una vez al día, pero después de una ganancia quieres otra, y otra más, y terminas sobreoperando. O peor aún, después de una pérdida, te llenas de rabia y haces una operación sin pensarlo bien, solo para vengarte del mercado. Eso se llama operar con la emoción, no con la razón. Y ese tipo de decisiones, tarde o temprano, terminan mal. La codicia también aparece cuando tienes una operación ganadora y en vez de cerrar con ganancia, la dejas correr sin control, esperando que se vuelva una fortuna. Muchas veces, esa operación termina dándose vuelta y perdiendo lo que ya habías ganado. La ambición sin control puede ser tan peligrosa como el miedo.

También está el ego. Ese deseo de tener la razón, de demostrar que sabes más que los demás, que puedes predecir el mercado mejor que nadie. El ego te hace mantener una operación perdedora por puro orgullo, solo para no aceptar que te equivocaste. El ego no acepta errores, y en el trading los errores son parte del juego. No puedes ganar siempre. Nadie lo hace. Pero si tu ego no te deja aceptar una pérdida pequeña, vas a terminar aguantando pérdidas enormes. El buen trader no busca tener razón, busca ganar dinero. Y a veces, para ganar, hay que saber perder. Hay que aceptar cuando te equivocaste y salir a tiempo. Eso no es debilidad, es inteligencia emocional.

Una parte muy importante de la psicología del trading es aprender a ser constante. Esto significa operar siempre con la misma mentalidad, con el mismo enfoque, sin dejarte llevar por lo que pasa en el momento. Porque habrá días en que todo parece fácil, ganas rápido y todo funciona. Pero también habrá días donde nada sale bien, donde el mercado es impredecible y te sientes frustrado. En esos momentos, muchos traders se desesperan, cambian su estrategia, duplican el tamaño de sus operaciones, y terminan haciendo más daño. Lo correcto es mantener la calma, revisar tus errores, aprender de ellos y seguir con tu plan. La consistencia no viene de las ganancias grandes, sino de hacer lo correcto una y otra vez, incluso cuando las cosas no van como esperas.

Otro punto clave es tener una rutina de trading que te prepare mentalmente. Antes de empezar el día, tomate unos minutos para relajarte, revisar el mercado, repasar tu plan. No entres directo a operar sin claridad. Una mente agitada, estresada o cansada no toma buenas decisiones. Y después de cada sesión, tomate el tiempo para evaluar lo que hiciste. ¿Seguiste tu estrategia? ¿Tomaste decisiones por impulso? ¿Qué podrías haber hecho mejor? Esa autoevaluación constante te hace crecer como trader. El que no se observa a sí mismo, repite siempre los mismos errores. Y el trading no perdona errores repetidos.

Por último, ten muy claro que el trading es un juego de probabilidades. No se trata de ganar todas las veces, sino de ganar más de lo que pierdes. Hay que pensar a largo plazo. Una operación no define tu carrera como trader. Ni siquiera una semana. Lo que importa es la disciplina con la que ejecutas tu plan, la paciencia con la que esperas las buenas oportunidades, y la capacidad de manejar tus emociones. El éxito en el trading no está en el conocimiento técnico solamente, está en la mente. Controlar tus pensamientos, tus impulsos y tus emociones es el verdadero reto. Y si logras dominar tu psicología, el mercado dejará de ser tu enemigo y pasará a ser tu campo de juego. Ahí es cuando todo cambia.

Cómo No Perder Tu Dinero

Una de las verdades más duras pero más importantes que debes aceptar desde el primer día en el trading es esta: perder dinero es fácil. Cualquiera puede abrir una cuenta, hacer clic en comprar o vender, y ver cómo su capital desaparece en cuestión de minutos. Lo difícil, lo que realmente requiere habilidad, paciencia y cabeza fría, es aprender a no perder. Antes de pensar en cómo ganar dinero, lo primero que tienes que dominar es cómo protegerlo. Porque en este negocio, si no cuidas tu capital, te quedas fuera del juego. Y si te quedas fuera, ya no hay segunda oportunidad. El trading no es una carrera para ver quién se hace rico más rápido, es un juego de resistencia. El que se queda más tiempo en pie, gana.

La primera clave para no perder tu dinero es controlar el riesgo en cada operación. Esto significa que nunca deberías arriesgar más de un pequeño porcentaje de tu cuenta en una sola entrada. Muchos recomiendan no arriesgar más del uno o dos por ciento por operación. Si tienes una cuenta de mil dólares, por ejemplo, tu pérdida máxima por operación debería estar entre diez y veinte dólares. ¿Parece poco? Claro que sí. Pero esto no se trata de ganar en una sola jugada. Se trata de sobrevivir lo suficiente para que tu estrategia y tus habilidades te den resultado a largo plazo. Si arriesgas demasiado y pierdes, te quedas sin munición. Y si te quedas sin munición, no hay más batalla que pelear.

La segunda clave es usar siempre un stop loss. Siempre. Sin excepción. El stop loss es esa herramienta que te permite decirle al mercado: si el precio llega hasta aquí, me salgo. Acepto la pérdida y listo. Es tu cinturón de seguridad. No tener un stop loss es como manejar un auto a toda velocidad sin frenos. Tal vez llegues más rápido, pero el riesgo de chocar es altísimo. Muchos traders principiantes creen que pueden controlar la operación "manualmente", que van a cerrar cuando vean que algo va mal. Pero cuando el precio se va en contra y empiezan a perder, las emociones toman el control. El miedo, la negación, la esperanza. Y entonces dejan correr una pérdida pensando que va a darse vuelta, hasta que ya es demasiado tarde. Por eso, el stop loss no es negociable. Te protege de ti mismo.

Otra forma de proteger tu dinero es no operar cuando no tienes una razón clara. El mercado está abierto muchas horas al día, pero eso no significa que siempre haya una buena oportunidad. Si entras solo por aburrimiento, por ansiedad o porque no quieres "perderte la movida", estás en problemas. Cada operación debe tener un por qué. Una lógica. Un patrón que reconozcas. Una entrada que esté dentro de tu estrategia. Si no hay eso, no operes. A veces, la mejor forma de ganar es no hacer nada. Porque en el trading, operar de más suele llevar a perder de más. El sobretrading es una trampa común. Sientes que si no estás haciendo clic, estás perdiendo el tiempo. Pero en realidad, estás protegiendo tu dinero.

También es importante tener cuidado con las noticias. Los anuncios económicos, las decisiones de los bancos centrales, los datos del empleo, la inflación. Todo eso puede mover el mercado con violencia. Si no sabes interpretar esas noticias o no tienes experiencia, lo mejor es mantenerse al margen durante esos momentos. Porque el precio puede saltar, ir en una dirección y después cambiar bruscamente. En segundos. Sin lógica aparente. Operar justo antes o justo después de una noticia importante es como apostar en una ruleta. Tal vez ganes, tal vez pierdas. Pero no es trading. Es azar. Y si quieres mantener tu dinero, debes evitar el azar.

Otra trampa es aumentar el tamaño de las operaciones después de una pérdida. Muchos traders sienten la necesidad de recuperar lo perdido rápido, y entonces duplican el lote, arriesgan más, hacen una operación más agresiva. Esto se llama "trading de revancha". Y es la receta perfecta para vaciar tu cuenta. No hay nada malo en perder una operación. Lo que está mal es perder el control. Lo correcto es seguir con tu plan. Mantener el tamaño de tus operaciones. No dejarte llevar por la emoción. Porque si conviertes una mala operación en una serie de decisiones impulsivas, tu cuenta va a sangrar. Y sin darte cuenta, vas a destruir en minutos lo que te costó semanas construir.

Por último, debes entender que en el trading, perder es parte del proceso. Nadie gana siempre. Ni siquiera los profesionales. Pero lo que los separa de los novatos es que saben cómo perder bien. Saben cuándo cortar la operación. Saben cuándo quedarse fuera. Saben que el dinero se cuida más de lo que se busca. Por eso, cada vez que entres al mercado, tu prioridad número uno debe ser proteger tu cuenta. Porque si tienes capital, tienes otra oportunidad. Tienes otra jugada. Tienes futuro.

Aprender a no perder dinero no es lo más emocionante. Pero es lo más necesario. Muchos quieren que les enseñen trucos, atajos, fórmulas mágicas para hacerse ricos. Pero la verdad es esta: si no aprendes a conservar tu dinero, el trading te lo va a quitar. Y no será culpa del mercado. Será culpa tuya. Así que antes de buscar cómo ganar más, aprende a perder menos. Esa es la base de todo. Sin eso, no hay camino posible. Pero con eso, tienes una oportunidad real. Una oportunidad de jugar el juego con inteligencia, con disciplina, y con muchas más chances de ganar a largo plazo.

Plan de Trading

Uno de los errores más comunes que comete la mayoría de las personas cuando empiezan en el trading es operar sin un plan. Entran al mercado como quien entra a una selva sin mapa, esperando encontrar oro, pero sin saber a dónde van ni cómo salir si algo sale mal. Operan por intuición, por impulso o porque vieron que el precio está subiendo y no quieren quedarse afuera. Pero así no se construye una carrera en el trading. Así se construye una ruina. Un plan de trading es tu guía. Tu estrategia escrita. Tu hoja de ruta. Es lo que separa a un principiante impulsivo de un trader profesional. Si realmente quieres ganar dinero de forma segura y consistente, necesitas un plan. Y no un plan en la cabeza. Un plan real, claro, y escrito. Porque cuando lo escribes, lo tomas en serio. Y cuando lo tomas en serio, te respetas a ti mismo como trader.

Entonces, ¿qué debe tener un plan de trading? Para empezar, tiene que definir claramente qué vas a operar. ¿Vas a hacer trading con acciones, con divisas, con criptomonedas, con índices? No puedes operar todo al mismo tiempo. Es como querer jugar al ajedrez y al fútbol a la vez. Cada mercado tiene su comportamiento, su ritmo, sus reglas. En tu plan debes elegir tu instrumento. Uno o dos como máximo para comenzar. Especialízate. Conócelos. Aprende cómo se mueven. Eso te da ventaja.

Luego, tu plan debe especificar en qué horarios vas a operar. No se trata de estar todo el día frente a la pantalla esperando que algo pase. Eso solo te agota y te lleva a tomar decisiones por ansiedad. Define un bloque de tiempo. Tal vez operes solo por las mañanas, o solo en la apertura del mercado. Quizás prefieras la sesión europea o americana. Pero sea cual sea tu elección, deja eso claro en tu plan. Tu mente funciona mejor cuando sabe que tiene límites. Y tu tiempo es tan importante como tu dinero.

Otro punto clave del plan es tu estrategia de entrada. Aquí debes detallar exactamente qué condiciones deben cumplirse para que decidas entrar en una operación. ¿Qué patrón estás buscando? ¿Qué indicadores usas? ¿Qué tiene que hacer el precio para que digas: "aquí entro"? Mientras más claro y específico seas, mejor. No se vale decir:

"entro cuando me parezca que va a subir". Eso no es una estrategia. Eso es adivinar. Y adivinar en trading sale caro. Tu estrategia de entrada debe ser lógica, repetible y comprobada. Si no cumple esas tres condiciones, aún no tienes una estrategia.

También tienes que definir tu estrategia de salida. Porque no se trata solo de entrar bien, sino de saber cuándo salir. Y aquí hay dos salidas importantes: la salida con pérdida y la salida con ganancia. ¿Dónde vas a poner tu stop loss? ¿Dónde vas a tomar tus ganancias? ¿Cómo vas a proteger tu capital si el precio va en tu contra? ¿Y cómo vas a asegurar tus beneficios si el precio te da la razón? Estas preguntas no pueden quedar en el aire. Deben estar respondidas, por escrito, dentro de tu plan. Esto te evita operar con las emociones. Te da estructura. Y esa estructura es lo que necesitas cuando los nervios te traicionan.

Tu plan también debe hablar de gestión del capital. Es decir, cuánto vas a arriesgar por operación. Esto tiene que ser un porcentaje fijo de tu cuenta, nunca una cifra aleatoria. Si decides arriesgar el uno por ciento por operación, eso se mantiene siempre. No cambias el riesgo según el ánimo del día. Un plan serio no depende del estado emocional del trader. Está diseñado para funcionar bajo reglas fijas. La gestión del capital es el escudo que protege tu cuenta de las rachas malas. Porque sí, las rachas malas existen. Y si no tienes límites claros, puedes arruinarte muy rápido.

Y hay algo más que no muchos mencionan, pero que es fundamental: tu plan debe incluir tus emociones. ¿Qué vas a hacer cuando pierdas tres operaciones seguidas? ¿Qué harás si ganas varias veces seguidas y sientes que puedes con todo? ¿Qué harás si te distraes, si te enojas, si te frustras? Un buen plan no solo habla del mercado, habla de ti. Porque el peor enemigo del trader no es el precio, es su propia mente. Es esa voz que dice "solo esta vez me salto el plan" o "voy a arriesgar un poco más porque esta se ve muy buena". Cuando escuchas esa voz y le haces caso, tu cuenta sufre. Tu plan debe tener un protocolo para esos momentos. Tal vez dejar de operar si estás emocionalmente inestable. O tal vez un recordatorio personal que te diga: “el plan es más importante que el resultado de hoy”.

Finalmente, tu plan tiene que ser medible. Tienes que poder revisarlo, evaluarlo y mejorarlo con el tiempo. No es algo escrito en piedra. Es un documento vivo. Algo que crece contigo. Que se adapta a tu experiencia. Pero que nunca se rompe. Si lo respetas, te protege. Si lo rompes, te castiga. Así de simple.

Muchos quieren hacer dinero en el trading. Y se enfocan en aprender análisis técnico, en mirar gráficos, en ver tutoriales. Pero lo que realmente marca la diferencia es tener y seguir un plan. Porque un trader sin plan es como un barco sin timón. Puede navegar por un rato, pero tarde o temprano va a estrellarse. En cambio, un trader con plan tiene dirección. Tiene norte. Tiene claridad. Y en un mundo tan caótico como el mercado, eso vale oro.

Así que si todavía no tienes tu plan, hoy es el día para crearlo. No importa si aún eres principiante. De hecho, es mejor que lo hagas desde ahora. Te ahorrará errores, dolores de cabeza y muchas pérdidas innecesarias. No lo hagas complicado. Hazlo simple, claro, y que tenga sentido para ti. Escríbelo. Léelo antes de operar. Respétalo como respetarías un contrato contigo mismo. Porque en el fondo, eso es lo que es: un acuerdo de disciplina, de responsabilidad y de futuro. Y ese futuro puede ser brillante, si aprendes a seguir tu propio plan.

Tu Mejor Herramienta para Mejorar

En el mundo del trading, donde cada clic puede significar una ganancia o una pérdida, muchos buscan herramientas complejas, robots automáticos, estrategias que prometen éxito instantáneo, o indicadores secretos que, supuestamente, solo usan los grandes bancos. Pero la verdad es más simple de lo que muchos imaginan. Tu mejor herramienta para mejorar no cuesta dinero, no necesita internet, y no se compra en ningún curso ni plataforma. Esa herramienta eres tú. Más específicamente, tu capacidad para observarte, analizarte y aprender de ti mismo a través de algo tan básico como llevar un diario de trading.

Un diario de trading es tu espejo. Te muestra lo que estás haciendo bien y, más importante aún, te muestra lo que estás haciendo mal. Escribir lo que haces, por qué lo haces y qué pasa después de cada decisión que tomas en el mercado te da una claridad que no obtienes de otra forma. En tu cabeza todo puede parecer lógico. Puedes creer que estás operando con disciplina, que estás siguiendo tu estrategia, que estás mejorando. Pero cuando lo ves escrito, negro sobre blanco, sin excusas, sin adornos, te enfrentas con la realidad. Y en esa realidad es donde está la oportunidad de crecer.

El diario de trading no tiene que ser complicado. No necesitas escribir páginas y páginas. Basta con registrar algunos elementos clave cada vez que operas. Por ejemplo, qué activo estás operando, en qué horario, cuál fue tu análisis para entrar, qué estrategia usaste, cuánto arriesgaste, dónde colocaste tu stop loss y tu take profit, cuál fue el resultado final y, sobre todo, cómo te sentías antes, durante y después de la operación. Este último punto, el emocional, es muchas veces el más revelador. Porque muchas pérdidas no vienen por fallas técnicas, sino por emociones mal manejadas. Y cuando eso se repite, pero tú lo estás anotando, se vuelve imposible ignorarlo.

Al principio puede parecer tedioso escribir cada operación. Te preguntarás si vale la pena, si no es una pérdida de tiempo. Pero con el tiempo, cuando mires hacia atrás y revises tus anotaciones, vas a encontrar patrones que te van a sorprender. Verás que ciertas decisiones las tomas cuando estás cansado, o que cometes más errores cuando te saltas tu rutina. Notarás que algunas estrategias te funcionan mejor en ciertos horarios, o que un indicador no te da buenos resultados como tú pensabas. Esos descubrimientos son los que te permiten mejorar de verdad. No es solo operar y operar esperando que la experiencia sola te haga mejor. Es analizar esa experiencia, entenderla y usarla como una guía para corregirte y crecer.

Además, el diario te ayuda a reforzar lo que haces bien. Cuando ves que una estrategia te dio buenos resultados varias veces seguidas, eso te da confianza. Y la confianza, en el trading, es vital. No una confianza ciega, sino una confianza basada en hechos. Saber que estás actuando con lógica y que tus decisiones tienen fundamento te hace más fuerte frente a las dudas, las emociones y el ruido del mercado.

Otro beneficio del diario es que te ayuda a mantenerte responsable. Porque cuando sabes que vas a tener que escribir todo lo que hagas, te lo piensas dos veces antes de actuar por impulso. No quieres dejar registrado que rompiste tu plan, que entraste por capricho o que doblaste la apuesta sin lógica. Esa presión, por pequeña que sea, te ayuda a mantenerte más centrado y a respetar tus propias reglas.

También es una herramienta para medir tu evolución. Con el paso del tiempo, puedes ver tus avances, no solo en los resultados, sino en tu forma de pensar, en cómo analizas, en la calidad de tus decisiones. Y eso no tiene precio. Porque muchas veces, cuando estamos metidos en la rutina del día a día, no notamos cuánto hemos mejorado. Pero cuando lees tus notas de hace un mes o tres meses, te das cuenta de todo lo que has aprendido. Es como mirar una foto antigua y ver cómo has cambiado.

Y no necesitas nada sofisticado para hacerlo. Puedes usar una libreta, un documento en tu computadora, una hoja de cálculo o incluso una aplicación. Lo importante es que lo hagas. Que te tomes unos minutos cada vez que operes para anotar lo esencial. Es un pequeño esfuerzo que, si se vuelve hábito, puede marcar una enorme diferencia en tus resultados.

Hay un momento en la vida de todo trader en el que deja de buscar afuera y empieza a mirar hacia adentro. Ese es el momento en el que realmente empieza a mejorar. Y esa mejora, sostenida en el tiempo, es lo que lleva a la rentabilidad estable. No es magia. No es suerte. Es disciplina, observación y aprendizaje continuo. Y el diario de trading es la herramienta que te acompaña en ese camino. No para que seas perfecto, sino para que cada día seas un poco mejor que el anterior.

Así que, si aún no lo haces, empieza hoy. Después de tu próxima operación, anota lo que hiciste, cómo te sentiste y qué aprendiste. No lo hagas por obligación, hazlo por respeto a ti mismo y a tu proceso. Porque si tú no te tomas en serio, el mercado tampoco lo hará. El diario no es para que otros lo lean. Es para ti. Para tu crecimiento. Para tu éxito. Y ese éxito, paso a paso, empieza a escribirse con tus propias palabras.

Operando Noticias y Eventos Económicos

Una parte del trading que muchos ignoran al principio, pero que tiene un poder enorme, es la de operar noticias y eventos económicos. Para algunos traders, esto puede ser una fuente de grandes oportunidades. Para otros, puede ser una fuente de caos. Todo depende de cómo lo manejes. Lo cierto es que cada semana, en el calendario económico, se publican datos que sacuden los mercados. Y si sabes leerlos y actuar en consecuencia, puedes aprovechar movimientos fuertes y rápidos que no se ven en días normales.

Las noticias económicas son informes que publican los gobiernos o instituciones financieras y que reflejan el estado de la economía de un país. Algunos ejemplos son los datos de empleo, el crecimiento económico (PIB), las tasas de interés, la inflación, las decisiones de los bancos centrales y otros indicadores clave. Cuando estos datos se publican, los mercados reaccionan de inmediato. A veces suben con fuerza, otras veces caen bruscamente. Pero siempre hay movimiento. Y donde hay movimiento, hay oportunidad.

Ahora bien, operar durante noticias no es lo mismo que hacerlo en un día tranquilo. Aquí la velocidad lo cambia todo. Los precios se mueven en segundos. A veces en milésimas. Las velas en los gráficos pueden saltar de un precio a otro sin pasar por los puntos intermedios. Esto se llama volatilidad, y es lo que muchos buscan. Pero también es lo que puede hacerte perder dinero si no tienes un plan claro.

Una de las claves para operar con noticias es entender el concepto de expectativa. Los mercados no reaccionan solo al número que se publica, sino a si ese número fue mejor o peor de lo que se esperaba. Por ejemplo, si se espera que un país cree 200 mil empleos en un mes, y el informe dice que creó 300 mil, eso es muy positivo. Aunque el número por sí solo no signifique nada, la comparación con lo esperado es lo que mueve el precio. Lo mismo pasa si el dato es peor de lo que se anticipaba. Por eso es tan importante seguir el calendario económico y conocer qué se espera en cada noticia importante.

Existen varios sitios web gratuitos donde puedes ver el calendario económico. Allí se muestra la fecha, la hora exacta del evento, el país, el tipo de noticia, el dato anterior, el dato esperado y luego, una vez publicado, el dato real. Algunas noticias tienen un impacto bajo, otras un impacto medio, y unas cuantas tienen impacto alto. Estas últimas son las que más debes vigilar, porque son las que pueden mover con fuerza el mercado. Si estás operando forex, por ejemplo, las decisiones de tasas de interés de la Reserva Federal en Estados Unidos, el Banco Central Europeo o el Banco de Inglaterra pueden hacer que los pares de divisas salten decenas de pips en segundos.

Hay diferentes formas de operar las noticias. Algunos traders lo hacen justo antes de que se publique el dato, tratando de anticiparse. Otros esperan la publicación y entran en el movimiento después de que el precio confirma una dirección clara. También están los que usan una técnica llamada "estrangulamiento", donde colocan órdenes pendientes de compra y de venta antes del anuncio, por si el precio se dispara en alguna dirección. Cada método tiene sus riesgos y ventajas, pero lo más importante es que no improvises. Si vas a operar una noticia, debes tener un plan claro y respetarlo.

También es fundamental usar una gestión de riesgo estricta. Durante eventos importantes, el mercado puede tener "gaps", que son saltos de precio donde no se respetan los niveles intermedios. Eso significa que, aunque pongas un stop loss, puede no cerrarse exactamente donde tú lo pusiste. El mercado se lo salta. Por eso, muchos traders profesionales prefieren operar noticias con lotajes pequeños, para protegerse de estos movimientos impredecibles.

Y aquí entra otro punto importante: no todas las noticias son iguales, ni todos los activos reaccionan igual. Por ejemplo, una noticia sobre el desempleo en Estados Unidos puede afectar más al dólar que al euro. Un dato sobre el petróleo influye directamente en el precio del crudo, pero también en las monedas de países productores como Canadá. Una decisión de tasas de interés en Japón mueve al yen, pero no tanto al dólar australiano. Es clave entender qué activos están conectados con qué noticias. Esto se aprende con observación y con práctica.

Además, no es necesario operar todas las noticias. De hecho, a veces es mejor no hacerlo. Algunos traders, cuando ven que se viene una noticia importante, simplemente se salen del mercado, esperan que pase el evento y luego vuelven a operar cuando todo se calma. Y no está mal. Lo que importa es que tengas una estrategia y que tomes tus decisiones con lógica, no por emoción.

Operar con noticias también requiere estar mentalmente preparado. No puedes entrar a operar un evento de alto impacto con la cabeza en otra parte. Tienes que estar concentrado, tranquilo, y aceptar que el movimiento puede ser muy rápido. Es posible ganar mucho en poco tiempo, pero también perder rápido si no estás enfocado. No te emociones con la idea de "hacer dinero fácil". Esto no es una lotería. Es una herramienta más, y como toda herramienta, debe usarse con cuidado.

Finalmente, usar noticias y eventos económicos a tu favor requiere una combinación de conocimientos, preparación, control emocional y experiencia. No tienes que convertirte en un experto en economía, pero sí debes aprender a interpretar lo básico. Lo suficiente para entender qué puede pasar y cómo reaccionar. La información está ahí afuera, gratuita y al alcance de todos. Lo que hace la diferencia es cómo la usas tú.

Así que mi consejo es este: empieza observando. No operes aún. Mira cómo reacciona el mercado ante ciertas noticias. Anota lo que pasa. Aprende cómo se mueve el activo que operas en esos momentos. Cuando tengas suficiente información y te sientas listo, crea una estrategia. Y entonces, con cautela, empieza a operar. Siempre con gestión de riesgo. Siempre con respeto por el mercado. Porque las noticias no perdonan a los que improvisan. Pero sí recompensan a los que se preparan.

Análisis Profesional y Teoría de la Estructura del Mercado

Una vez que ya has entendido cómo funcionan los gráficos, los indicadores y hasta las noticias, es momento de dar un paso más profundo: pensar como un profesional. Y para eso, tienes que entender la estructura del mercado. Aquí es donde muchos traders novatos fallan, porque se quedan en la superficie, creyendo que solo con una media móvil o un patrón de velas van a ganar dinero de forma consistente. Pero los traders profesionales no operan así. Ellos ven el mercado de otra manera. Observan cómo se mueve la estructura general del precio. Ven lo que está detrás de los movimientos. Y eso es lo que te voy a enseñar en este capítulo.

La teoría de la estructura del mercado parte de una idea muy simple, pero poderosa: el precio se mueve en ciclos. Siempre. En todos los marcos de tiempo. No importa si estás viendo un gráfico de un minuto o uno de un mes. El precio siempre repite una misma lógica. Esa lógica se puede dividir, de forma general, en tres fases: la fase de acumulación, la fase de expansión (o tendencia) y la fase de distribución. Luego vuelve a empezar. Este patrón cíclico es lo que muchos llaman la estructura del mercado.

Imagina por un momento una marea en el mar. Primero sube, luego baja, y vuelve a subir. Así funciona también el precio. Pero a diferencia del mar, aquí son las decisiones humanas, las emociones y los grandes capitales los que hacen que eso ocurra. Por eso, cuando aprendes a identificar estas fases, puedes anticiparte a muchos movimientos y dejar de caer en las trampas que el mercado pone todo el tiempo.

La acumulación es la primera fase. Es cuando el precio se mueve en un rango estrecho, lateral, sin mucha dirección clara. Aquí es donde los traders profesionales están comprando en silencio, sin que se note. No hay grandes movimientos, pero están entrando poco a poco. Mientras tanto, la mayoría de los traders minoristas se aburren, piensan que no pasa nada, y a veces incluso venden. Pero los profesionales están cargando sus posiciones para lo que viene después. Esta fase suele aparecer después de una gran caída, cuando todos tienen miedo y piensan que el mercado va a seguir bajando. Justo ahí, los grandes están comprando.

Después viene la fase de expansión o tendencia. Aquí es cuando el precio por fin se decide a moverse con fuerza en una dirección. Puede ser hacia arriba o hacia abajo, pero lo importante es que ya salió del rango. Esta es la fase más rentable si sabes cómo entrar. Y es la que más emociona a los traders porque hay movimiento, hay fuerza, hay oportunidades. En este momento, muchos minoristas recién empiezan a comprar, cuando el movimiento ya está avanzado. Pero los profesionales ya estaban adentro desde antes, desde la acumulación. Por eso su posición es mucho más segura y rentable.

Luego, cuando el movimiento ya ha recorrido un buen tramo, llega la distribución. Es una fase parecida a la acumulación, pero ocurre en la cima. El precio vuelve a moverse en un rango. No hay avances claros. Es un terreno de dudas. Aquí es donde los profesionales empiezan a vender lo que compraron antes. Pero lo hacen de a poco, con inteligencia. Mientras tanto, los minoristas siguen comprando porque creen que el precio va a seguir subiendo. Y cuando el mercado ya está bien cargado de compras mal ubicadas, viene la caída. Y el ciclo se repite.

Entender esta estructura te da una ventaja enorme. Porque ya no operas por impulsos ni por lo que parece. Empiezas a leer el mercado como una historia. Una historia que te dice quién está comprando, quién está vendiendo, dónde están atrapados los novatos, y dónde podrías posicionarte tú con lógica y estrategia. Es como mirar un tablero de ajedrez y saber que cada movimiento tiene un propósito, no es casual.

Otra parte fundamental del análisis profesional es la identificación de máximos y mínimos relevantes. En una tendencia alcista, el precio va creando máximos cada vez más altos y mínimos cada vez más altos. Eso significa que la estructura sigue siendo alcista. Pero cuando el precio ya no logra hacer un nuevo máximo, o rompe un mínimo anterior, eso es una señal de alerta. Podría estar comenzando una distribución o incluso un cambio de tendencia. Esta lectura es más poderosa que cualquier indicador. Porque no depende de cálculos matemáticos, sino de observar el comportamiento real del precio.

Además, los profesionales prestan mucha atención a los niveles de liquidez. ¿Qué significa esto? En términos simples, son zonas donde el mercado ha dejado huellas de interés: zonas donde muchas personas han puesto órdenes, ya sea de compra o de venta. Estas zonas suelen estar cerca de los máximos y mínimos anteriores. Los grandes participantes del mercado saben esto, y muchas veces provocan movimientos rápidos hacia esas zonas para capturar la liquidez que hay allí. Es como si fueran a pescar en un lugar donde ya saben que hay peces.

Otro concepto clave es el de las trampas de mercado. Estas ocurren cuando el precio parece estar rompiendo un nivel importante, pero en realidad solo está generando una falsa ruptura. Muchos traders minoristas entran en ese momento, creyendo que están operando una señal clara, pero terminan atrapados. El precio gira bruscamente y los deja en pérdida. Los profesionales saben detectar estas trampas y muchas veces operan en sentido contrario. No siguen la manada. Analizan con cabeza fría.

También es importante que comprendas que el análisis profesional no es un conjunto de reglas fijas. Es una forma de pensar. Es observar lo que está pasando y preguntarte: ¿quién está ganando aquí?, ¿quién está perdiendo?, ¿qué probabilidad hay de que el precio siga su camino o lo cambie pronto?, ¿estoy entrando en un buen momento o me estoy dejando llevar por la emoción del movimiento? Estas preguntas te alejan del impulso y te acercan a una mentalidad estratégica.

Para aplicar esta teoría en la práctica, te recomiendo observar el gráfico en diferentes marcos de tiempo. No te quedes con el de un solo minuto o cinco. Mira el de una hora, cuatro horas, incluso el diario. Allí es donde mejor se ve la estructura general. Y luego puedes afinar tu entrada en marcos más bajos. Pero si no sabes en qué parte del ciclo estás, cualquier operación puede convertirse en una apuesta a ciegas.

Por último, recuerda que la estructura del mercado no es una fórmula mágica. No es infalible. Pero es una forma sólida, lógica y profesional de entender cómo se mueve el precio. Es la base sobre la que se apoyan todas las estrategias serias de trading. Y si tú la aprendes bien, dejarás de perseguir indicadores mágicos y empezarás a construir una visión de mercado que realmente funcione.

Este tipo de análisis te hará ver el mercado con otros ojos. Más claros. Más objetivos. Y sobre todo, más rentables. Porque donde otros ven confusión, tú empezarás a ver patrones. Donde otros ven azar, tú verás lógica. Y donde otros pierden dinero por no entender lo que está ocurriendo, tú estarás tranquilo, sabiendo que formas parte de los que realmente comprenden cómo funciona este juego.

Bots, Alertas y Sistemas Inteligentes

Cuando uno comienza en el mundo del trading, lo más común es operar manualmente. Te sientas frente al gráfico, esperas una señal, decides entrar o salir, y haces todo por ti mismo. Esta etapa es muy buena para aprender, porque te obliga a estar atento y a tomar decisiones con tu propio criterio. Pero a medida que vas ganando experiencia y entiendes mejor cómo se comporta el mercado, te das cuenta de algo muy importante: no puedes estar pegado a la pantalla todo el día. Y ahí es donde entran en juego los bots, las alertas y los sistemas inteligentes. No son magia ni atajos para ganar dinero fácil, pero sí pueden convertirse en herramientas muy poderosas si las usas con inteligencia.

Empecemos por los bots. Un bot de trading es un programa que ejecuta operaciones de forma automática, siguiendo las reglas que tú le indiques. En otras palabras, es como un asistente que trabaja por ti, pero sin emociones, sin cansancio y sin distracciones. Tú le enseñas una estrategia, le marcas los parámetros, y él se encarga de buscar las oportunidades, abrir las operaciones, poner los stop loss, tomar ganancias y cerrarlas cuando corresponde. Hay bots muy simples y otros extremadamente complejos. Algunos funcionan dentro de plataformas como MetaTrader o TradingView, y otros son desarrollos privados con tecnología propia. Lo importante es entender que un bot solo es tan bueno como la estrategia que tenga detrás. Si tu estrategia es mala, el bot operará mal. Si tu estrategia es sólida, el bot puede ayudarte a ejecutarla sin errores.

Usar un bot no significa que dejes de hacer trading. Significa que dejas de hacerlo manualmente todo el tiempo. Sigues siendo tú el que diseña, prueba, optimiza y ajusta la estrategia. El bot solo la ejecuta. Pero la verdadera decisión sigue en tus manos. Esto te permite tener más tiempo libre, evitar errores emocionales y ejecutar de forma más precisa. También es útil para operar en horarios donde tú no podrías estar despierto o disponible, como en las madrugadas o durante tu jornada laboral.

Ahora hablemos de las alertas. Las alertas son señales automáticas que te avisan cuando ocurre algo que tú estás esperando en el gráfico. Por ejemplo, puedes programar una alerta para que te avise cuando el precio cruce una línea, cuando llegue a un soporte, cuando un indicador dé una señal o cuando se cumpla cierta condición de volumen. Las alertas no operan por ti, pero sí te ayudan a no perder oportunidades importantes. Imagínate que estás en el supermercado, o trabajando, y de repente suena una alerta en tu teléfono que te dice: "El precio tocó el nivel que esperabas". Eso te permite abrir tu plataforma y tomar acción con tiempo. Las alertas reducen el estrés de estar mirando el gráfico todo el día. Te dan libertad y control al mismo tiempo.

Hay plataformas que permiten programar alertas de forma muy sencilla. TradingView, por ejemplo, tiene un sistema de alertas muy completo que puedes conectar con tu correo, tu teléfono, o incluso con bots automatizados mediante herramientas externas. Esto te permite tener una especie de asistente virtual que te avisa solo cuando de verdad vale la pena mirar la pantalla.

Finalmente, los sistemas inteligentes combinan lo mejor de los bots y las alertas. Son plataformas que no solo ejecutan estrategias, sino que aprenden, se ajustan, o combinan varias condiciones complejas para operar de forma más refinada. Algunos usan inteligencia artificial, aprendizaje automático o reglas condicionadas que permiten adaptar las decisiones según el contexto del mercado. Aunque esto suena avanzado, cada vez es más accesible para traders individuales. Ya no hace falta ser un programador para acceder a estas herramientas. Hay interfaces que te permiten construir tu propio sistema visualmente, como si armaras un rompecabezas, sin escribir ni una sola línea de código.

Eso sí, es importante decirlo con claridad: ningún sistema, por más inteligente que sea, sustituye tu juicio. Todos estos recursos están para ayudarte, no para reemplazarte. Tú eres el responsable de lo que ocurra. Tú defines cuándo activar un bot, cuándo apagarlo, cuándo confiar en una alerta o cuándo intervenir manualmente. Si confías ciegamente en una máquina, sin supervisión ni criterio, vas a perder dinero tarde o temprano. Pero si entiendes cómo usar estas herramientas de forma estratégica, pueden convertirse en un verdadero aliado para escalar tu trading al siguiente nivel.

Una gran ventaja de trabajar con bots o alertas es que te obligan a ser ordenado. Si tú quieres que una máquina entienda tu estrategia, primero tienes que tener tu estrategia bien clara. No puedes operar "a ojo". Tienes que definir reglas específicas: cuándo entras, cuándo sales, cómo calculas tu riesgo, en qué condiciones decides no operar. Esa claridad es fundamental para que cualquier sistema funcione. Y en el proceso de crear un bot o de programar una alerta, te obligas a afinar tus ideas. A pensar con lógica. A hacer backtesting. Y eso, por sí solo, ya mejora mucho tu nivel como trader.

También es importante probar todo antes de operar con dinero real. Si diseñas un bot, primero ejecútalo en modo demo. Si configuras alertas, pruébalas en el mercado real pero sin operar, solo para ver si funcionan como esperabas. Esto te ahorra disgustos. Te da tiempo para ajustar detalles. Y te permite corregir errores que no verías si solo lo hicieras en tu cabeza.

Para cerrar este capítulo, quiero que te quedes con una idea clara: usar bots, alertas o sistemas inteligentes no es una señal de debilidad. Al contrario, es una muestra de madurez como trader. Significa que entiendes tus límites, respetas tu tiempo y estás dispuesto a apoyarte en herramientas que te hagan más eficiente. Pero siempre con la cabeza bien puesta. Siempre con el control en tus manos. Porque al final, la verdadera inteligencia está en ti. Las máquinas solo hacen lo que tú les enseñas. Por eso, si quieres que operen bien, primero asegúrate de ser tú quien piensa bien. Y cuando eso ocurre, estas herramientas pueden llevarte mucho más lejos de lo que creías posible.

Opera con Dinero Ajeno

Una de las ideas más poderosas, pero menos comprendidas en el mundo del trading, es que no necesitas tener una gran cantidad de dinero propio para ganar bien. De hecho, muchos traders exitosos comenzaron sin grandes capitales, pero entendieron algo clave desde el principio: puedes operar con dinero ajeno. No me refiero a pedirle plata prestada a un amigo ni a endeudarte con el banco. Hablo de algo mucho más inteligente, legal, profesional y accesible: el capital de inversión de terceros. Hay personas, empresas y plataformas que están dispuestas a darte dinero para que operes en el mercado, si demuestras que sabes hacerlo. Y tú te quedas con una parte de las ganancias. Así de directo.

Esto se llama trading financiado o prop trading. Prop viene de "proprietary", es decir, propiedad. Una firma de trading propietaria te da acceso a operar con su dinero, a cambio de una parte de las utilidades. Es un modelo donde todos ganan: ellos tienen traders que operan por ellos sin riesgo para la empresa, y tú tienes acceso a capital sin poner el tuyo. Pero, claro, no te van a dar el dinero así como así. Primero quieren asegurarse de que sabes lo que haces. Para eso, existen pruebas. Simuladores. Evaluaciones. Te piden que operes en una cuenta demo con reglas claras: no puedes perder más de cierto porcentaje, debes alcanzar una ganancia determinada, debes tener una gestión de riesgo correcta. Si lo logras, te aprueban. Y si lo haces bien, te financian.

Esto abre una puerta enorme para cualquier trader que no tenga mucho dinero. Supongamos que tú tienes solo 200 dólares, y sabes que eso no te permite vivir del trading. Pero si demuestras en una evaluación que puedes convertir una cuenta de 10.000 dólares virtuales en 11.000 con buena disciplina, sin arriesgar demasiado, entonces una firma puede darte una cuenta real de 10.000, 25.000 o incluso 100.000 dólares para operar. Tú no pones ni un centavo de tu bolsillo. Solo aplicas tu conocimiento y tus habilidades. Y si haces ganancias, te las reparten. En la mayoría de los casos, tú te llevas entre el 70% y el 90% de lo que ganes. El resto es para ellos. Es un trato justo.

Hay muchas plataformas que ofrecen este tipo de servicio. Algunas muy conocidas internacionalmente, con miles de traders en todo el mundo. Otras más nuevas, con condiciones diferentes. Pero el mecanismo es el mismo: evalúan tus capacidades, te aprueban si cumples, y luego te dan una cuenta real para que operes con su dinero. Esto no es un atajo fácil. Las pruebas suelen ser exigentes. Tienes que ser constante, no sobreoperar, respetar las reglas y mantener la calma. Pero si ya vienes entrenando con una cuenta demo, si ya tienes tu estrategia pulida, y si entiendes cómo controlar tus emociones, estás listo para intentarlo.

Además, operar con dinero ajeno tiene un beneficio mental muy importante. Te obliga a tomártelo en serio. Ya no estás jugando. Ya no estás probando por probar. Estás operando con responsabilidad, porque sabes que detrás de esa cuenta hay una empresa que confía en ti. Eso cambia tu forma de actuar. Te vuelve más profesional. Y al mismo tiempo, te protege del miedo de perder tu propio capital, lo cual a veces paraliza a los traders principiantes.

Otro detalle que mucha gente no sabe es que también puedes conseguir inversionistas privados. Personas que conocen tus resultados, confían en ti, y te entregan capital para que lo operes. Esto no sucede de la noche a la mañana, pero con el tiempo, si construyes un historial sólido, puedes atraer socios o clientes que te digan: yo pongo el dinero, tú operas, y repartimos lo que ganamos. Por eso es tan importante llevar un registro profesional de tu trading. Un diario, estadísticas, capturas, resultados claros. Eso es tu currículum como trader. Y si está bien hecho, vale más que cualquier título universitario.

Incluso hay plataformas que permiten automatizar este proceso. Puedes conectar tu cuenta a servicios que muestran tus resultados en tiempo real, donde otros usuarios pueden ver cómo operas, copiarte o contratarte como gestor. Esto no solo te da visibilidad, también puede volverse una fuente de ingresos constante. Pero todo empieza igual: con disciplina, práctica, y la decisión firme de hacerlo bien desde el principio.

Hay quienes desprecian el dinero ajeno porque creen que los hace dependientes. Pero es justo lo contrario. Usar capital de otros te da libertad financiera sin ponerte en riesgo. Te permite escalar más rápido. Te permite vivir del trading sin tener que ahorrar durante años para juntar un capital significativo. Y te conecta con una red de oportunidades que antes parecía lejana. Claro, hay que hacerlo con cabeza. Leer las condiciones de cada empresa. Entender los riesgos. Evitar promesas falsas. Pero si eliges bien, te preparas con seriedad y respetas el proceso, puedes construir una carrera como trader financiado.

La clave está en pensar como un profesional desde hoy. No importa si estás operando con una cuenta demo o con una cuenta de 50 dólares. Actúa como si estuvieras manejando una cuenta grande. Controla tu riesgo. Sé paciente. Evalúa tus errores. Ajusta tu estrategia. Todo eso te prepara para ese momento en el que alguien te diga: confío en ti, aquí tienes mi capital, hazlo crecer. Ese momento llega para quienes se lo toman en serio. Y cuando llega, cambia tu vida.

Así que no esperes a tener mucho dinero para pensar en grande. Piensa en grande ahora, y prepárate. Porque si lo haces bien, no será tu cuenta la que crecerá, sino tu habilidad para multiplicar el dinero de otros, y quedarte con una parte de las ganancias. Esa es una forma real de hacer dinero seguro con el trading, sin que el riesgo recaiga por completo sobre tus hombros. Y lo mejor es que no estás soñando con algo lejano. Es algo que ya está ocurriendo. Solo necesitas estar listo para aprovecharlo.

Rutinas, Hábitos y Realidad

Uno de los errores más comunes que cometen las personas cuando empiezan en el trading es creer que todo depende de la estrategia. Que si encuentras una buena combinación de indicadores, un patrón perfecto o un robot que funcione, ya está todo resuelto. Pero la verdad, y te lo digo con toda la experiencia del mundo real, es que el trading rentable no se sostiene solo con técnica. Se sostiene con hábitos, con rutinas, con una forma organizada de vivir y pensar todos los días. No suena tan emocionante como encontrar la fórmula mágica, pero es mil veces más importante. Porque si no tienes hábitos sólidos, puedes tener la mejor estrategia del planeta y aun así perderlo todo.

El trading es como un deporte profesional. Y tú eres el atleta. No importa si sabes jugar bien al tenis si nunca entrenás, si dormís mal, si comes basura, si te enojás cada vez que perdés un punto. Así funciona el mercado. No basta con saber, hay que estar preparado. Y esa preparación empieza con tus rutinas diarias. No hay una única fórmula para todos, pero sí hay ciertos principios básicos que tenés que entender y aplicar, sí o sí, si querés sobrevivir y prosperar como trader.

Primero está la rutina mental. Todos los días, antes de abrir una operación, tenés que tener la cabeza en su lugar. No se puede hacer trading bien si estás con bronca, cansado, ansioso o distraído. Por eso, muchos traders exitosos tienen pequeños rituales antes de comenzar: meditan, anotan sus objetivos, revisan sus emociones. No es brujería, es higiene mental. Así como te lavás la cara o te cepillás los dientes, necesitás limpiarte la mente antes de enfrentar el mercado. Porque el mercado va a ponerte a prueba, va a moverte el piso, y si vos no estás bien parado, vas a caer.

Después viene la rutina técnica. Antes de operar, revisá el calendario económico, analizá los niveles importantes del día, marcá tus zonas de entrada y salida, y tené un plan claro. No entres por impulso. No te guíes por lo que dicen los demás. Tomate un tiempo todos los días para preparar tu sesión. Como un cirujano que revisa sus instrumentos antes de operar. No improvises. Porque en el trading, la improvisación es cara.

Otra rutina clave es la del descanso. Mucha gente se obsesiona con mirar el gráfico todo el día, como si eso fuera a dar más resultados. Pero el cerebro humano tiene un límite. No podés estar ocho horas frente a la pantalla tomando decisiones de alta presión sin desgastarte. No sos una máquina. Necesitás pausas. Necesitás tiempo para desconectar, para recuperar energía, para no quemarte. Porque si te quemás, vas a operar mal. Vas a tomar decisiones desesperadas. Y eso no tiene vuelta atrás. El mercado no perdona la fatiga mental.

También están los hábitos fuera del trading. Dormir bien, comer sano, moverse un poco. Todo eso influye directamente en tu rendimiento como trader. Parece exagerado, pero no lo es. Una mala noche puede hacer que el día siguiente operes con impulsividad. Una comida pesada puede hacer que pierdas concentración en el momento clave. Tu cuerpo y tu mente están conectados, y si una parte no funciona, la otra tampoco.

Y después está la parte más difícil de aceptar: la realidad. La realidad de que no todos los días vas a ganar. La realidad de que a veces vas a perder, aunque hagas todo bien. La realidad de que el progreso es lento, de que no vas a vivir del trading en una semana, ni en un mes, quizás ni siquiera en un año. Esta es la parte que muchos no quieren ver. Pero es esencial. Porque si te creés la fantasía de que vas a hacerte rico rápido, vas a tomar malas decisiones. Vas a arriesgar de más, vas a sobreoperar, vas a frustrarte. Y eso te va a hacer abandonar.

La realidad también es que el trading puede ser aburrido. Sí, leíste bien. No siempre es adrenalina. No siempre es emoción. Muchas veces es esperar. Es no hacer nada. Es repetir los mismos pasos todos los días. Y ahí es donde entra en juego la disciplina. Porque cualquiera puede operar con emoción un par de días. Pero mantenerte firme, paciente, repetitivo, durante semanas y meses, eso es lo que construye un trader real. No el que busca acción. El que busca consistencia.

Por eso, más allá de las estrategias, tenés que construir una vida alrededor del trading. Una vida ordenada, con estructura, con límites. Tener una hora para empezar y una hora para terminar. Tener pausas programadas. Tener objetivos claros. Tener un registro de tus operaciones. Tener tiempo para revisar, aprender, corregir. Todo eso no es opcional. Es parte del trabajo. Y cuanto antes lo entiendas, más rápido vas a avanzar.

Al final, los traders que ganan dinero de forma constante no son los más inteligentes, ni los más rápidos, ni los que conocen todos los indicadores del mundo. Son los que tienen rutinas sólidas, hábitos de trabajo, y aceptan la realidad del trading con madurez. Los que entienden que esto es un proceso. Que el éxito no viene de una operación ganadora, sino de cientos de decisiones pequeñas hechas correctamente todos los días.

Así que si estás empezando, no te obsesiones solo con la técnica. Empezá a construir tus rutinas desde hoy. Tu mañana empieza por lo que hacés hoy sin que nadie te lo pida. Y si lo hacés bien, con tiempo, los resultados llegan. No porque tengas suerte. Sino porque hiciste del trading un estilo de vida serio, responsable y consistente. Esa es la verdadera base del éxito en este mundo. Y eso, aunque parezca invisible, es lo que separa a los amateurs de los profesionales.

www.ingramcontent.com/pod-product-compliance
Lightning Source LLC
La Vergne TN
LVHW060255051026
849517LV00003B/818
* 9 7 9 8 2 3 0 3 2 9 5 5 8 *